NOTICE

SUR

E. DESCLOZEAUX.

NOTICE

E. DESCLOZEAUX.

La mort de Desclozeaux, recteur de l'académie d'Aix, ancien
député et secrétaire général au ministère de la justice, a excité
de justes regrets chez tous ceux qui l'ont connu avant sa retraite
dans le Midi. Un éloignement de vingt ans n'avait pas effacé le
souvenir de sa belle intelligence, de ses facultés remarquables,
de son commerce si charmant. Revêtu, pendant un temps, de
fonctions éminentes, il finit sa carrière, non sans honneur, sur
un théâtre moins élevé, laissant partout la preuve de sa rare
capacité et de son entier dévouement aux devoirs des fonctions
publiques qu'il a remplies.

Ernest Desclozeaux naquit à Paris en 1803. Son père, ancien
membre du conseil des Cinq-Cents, avait été, sous l'Empire,
conseiller à la Cour impériale. En 1815, il fut destitué pour
avoir signé l'acte additionnel. Le jeune Desclozeaux fit son éducation dans la maison paternelle. S'il n'arriva pas dans les pre-
mières classes avec la connaissance des langues anciennes que
donnent aux élèves des colléges six ans de pratique, il avait étudié
et possédait les classiques français comme nul de nos rhétori-
ciens; il joignait à cette culture féconde une vive admiration pour
les littératures grecque et latine, ce qui n'est pas toujours le
fruit des études. Lorsqu'il était avocat, il se remit au grec avec
beaucoup d'ardeur, sous la direction d'un ami, à la différence
de ceux qui, une fois sortis des lycées, ne songent qu'à se féli-
citer de leur affranchissement. Après 1848, se trouvant pour

quelque temps à Antibes, avec du loisir et sans livres, il s'amusa à traduire en entier le quatrième livre de *l'Énéide*.

Il entra à Sainte-Barbe en 1818, et fit un an de rhétorique au collège Louis-le-Grand. Ce collége perdit alors un professeur distingué, qui exerçait une grande influence sur la jeunesse, et dont les chaleureuses leçons portèrent des fruits remarquables. M. Pierrot passa au collége Bourbon (lycée Bonaparte). Ce départ provoqua plus d'une désertion. Desclozeaux suivit à la Chaussée-d'Antin le professeur qu'il avait naturellement espéré à Louis-le-Grand, et occupa un beau rang dans une classe d'où sortirent des célébrités.

Il passa une jeunesse singulièrement sévère. Les graves exemples de la maison paternelle ne lui avaient fait aimer que les nobles plaisirs. L'étude, la fréquentation du Théâtre-Français, illustré par Talma, par mademoiselle Mars, par une troupe choisie, et qui n'offrait alors à l'esprit que des aliments sains, le commerce d'amis qui se réunissaient pour causer philosophie et littérature, studieuses préoccupations inspirées par de célèbres cours publics, tels sont les objets auxquels était consacré le temps d'un jeune homme dont la vocation était la magistrature.

Après avoir terminé son cours de droit, Desclozeaux plaida peu. Il resta longtemps comme premier clerc dans une étude d'avoué, et il y apprit à fond la pratique, en même temps que des études assidues l'initiaient à la législation et à la jurisprudence. Cependant il trouva une heureuse occasion de satisfaire, je ne dis pas son goût, mais sa passion pour la littérature. Un recueil périodique, *le Globe*, fut fondé vers la fin de 1824, recueil sérieux et solide, qui non-seulement n'est pas oublié, mais dont l'estime ne fait que croître. Les sciences, les lettres, la philosophie, l'économie politique, les beaux-arts, il comprenait dans son cadre étendu toutes les branches de nos connaissances. Autour du courageux Paul Dubois s'était groupé un essaim de jeunes gens pleins d'ardeur et désintéressés, des talents dont beaucoup se sont fait un nom : Théodore Jouffroy, Patin, Charles Magnin, Ludovic Vitet, Sainte-Beuve, Duchâtel, Charles de Rémusat, Duvergier de Hauranne, etc. On se distribua les rôles. Un des buts qu'on se proposait était de combattre chez notre nation l'admiration exclusive de ses chefs-d'œuvre littéraires. On tira de l'obscurité les productions remarquables de l'Angleterre et de l'Allemagne, et on les fit connaître par des appréciations ou des traductions. Desclozeaux avait l'avantage de savoir parfaitement la langue anglaise et d'en posséder les écrivains. Dès les premiers numéros, il commença une série d'articles, destinés à mettre à la portée de tous cette mine toute nouvelle. On remarqua ces articles, où l'érudition s'alliait à l'esthétique. et qui attestaient un vif sentiment des beautés de la conception et de la forme, rendu par une plume élégante et délicate. Desclozeaux eut le mérite d'être le premier parmi les critiques français qui releva Shakspeare de la proscription, et qui parla de ce grand génie avec une admiration communicative.

Après la Révolution de 1830, il entra dans la vie publique, comme la plupart de ses amis. Il fut nommé par M. Barthe conseiller-auditeur à la Cour royale de Paris, et peu après substitut au tribunal de la Seine. Son passage au ministère public montra la solidité de ses connaissances, la sagacité de son esprit, la netteté de son raisonnement, la chaleur de sa parole.

En 1837, sous le même ministre, Desclozeaux devint maître des requêtes, et fut chargé, au ministère de la justice, de la division des affaires criminelles et des grâces. Dans ce poste, qu'il conserva cinq années, il fit preuve d'une grande aptitude. Ses fonctions l'approchaient du roi Louis-Philippe, qui, chaque fois qu'une condamnation capitale avait été prononcée, voulait connaître toute la procédure. Les avis que le jeune chef de division donnait et défendait, soit pour la sévérité, soit pour l'indulgence, le firent apprécier du roi, et cette estime lui ouvrit le chemin d'une plus haute fortune. En 1841, M. Martin (du Nord) étant devenu ministre, Desclozeaux fut nommé conseiller d'État en service extraordinaire et secrétaire général au département de la justice. Il eut l'entière confiance de ce ministre, qui, lui-même fort capable, avait deviné et reconnaissait à l'œuvre la capacité de son jeune ami, et suivait volontiers ses conseils. En 1846, il fut envoyé à la Chambre des députés par le département des Hautes-Alpes. Quand M. Hébert eut remplacé M. Martin (du Nord), éloigné par la maladie et qui mourut bientôt, le secrétaire général fut conservé, chose peu ordinaire et bien flatteuse pour lui.

Sans doute, pendant un long exercice du pouvoir dans des fonctions délicates, Desclozeaux, comme tous ceux qui ont rempli le même poste, a fait des mécontents ; sans doute, comme les autres, il s'est trompé quelquefois ; mais il ne faut pas croire à toutes les injustices que dénoncent les exigences des amours-propres. Ce qu'il y a de certain, ce que nous savons, c'est que, dans ses présentations, il n'eut jamais en vue que le bien public; c'est que le talent reconnu d'un concurrent déterminait ses préférences et prévalait sur ses propres sympathies. Il y a aujourd'hui dans des positions élevées bien des magistrats dont le choix ou l'avancement atteste la sûreté de son jugement. Combien d'hommes d'un grand mérite auxquels il a ouvert ou facilité la carrière !

La Révolution de Février mit fin aux fonctions de Desclozeaux. Il cessa aussi de faire partie de la députation. Bientôt, la santé de sa femme ne s'accommodant plus du climat de Paris, il alla s'établir dans le Midi. Mais, habitué à la vie active et à cette pratique des affaires qui devient un besoin, il se consumait sous le ciel énervant de la Provence. Un ami qu'il s'était fait dans sa prospérité, un ami véritable, non de ceux dont parle Ovide, voyait les souffrances de son esprit dans une inaction pour laquelle il n'était pas fait. Devenu un personnage considérable dans le gouvernement impérial, il voulut le tirer de ce repos qui le minait, et le rendre aux affaires publiques. Desclozeaux ne fut pas sourd à ses conseils. Son père avait été conseiller à la Cour d'appel sous le premier Empire : ces souvenirs n'étaient pas effacés de son esprit. Comme il avait par-dessus tout l'horreur de la guerre civile, il avait déjà fait à la cause de l'ordre le sacrifice, non de ses principes, qui demeurèrent inébranlables, mais de ses sympathies. Ce n'est donc pas du jour où il rentra en activité qu'il se sépara de plusieurs de ses amis. Dès 1849, un dissentiment politique régna entre eux, mais sans altérer jamais leur fidèle intimité.

Desclozeaux pouvait rentrer dans la magistrature avec une position digne de son passé. M. Rouland, nommé ministre de l'instruction publique en 1856, voulut se le réserver. En créant un petit nombre de grands rectorats, après l'essai peu heureux qui avait été fait des recteurs départementaux, le gouvernement impérial avait eu en vue de relever singulièrement ces fonctions, et il cherchait des hommes qui fussent non-seulement lettrés, mais en même temps versés dans la législation et dans l'administration, capables de mener à bien les grandes affaires, au milieu de difficultés de plus d'un genre, et de tenir dignement leur place à côté des fonctionnaires supérieurs dans les chefs-lieux où ils résidaient. Il trouva ces fonctionnaires dans l'Université, parmi les vétérans de l'inspection générale; il les prit aussi en dehors de l'Université, quand il voyait des hommes qui, en raison de leur position antérieure et de leur expérience, lui paraissaient propres à réaliser ses hautes idées. Desclozeaux fut choisi comme un des anciens serviteurs qui réunissaient ces précieuses qualités. Il avait toujours aimé l'Université ; au *Globe*, il s'était lié avec plusieurs de ses membres distingués. Et puis, les actes du ministre lui paraissaient sages et utiles. « Si je rentre dans les fonctions publiques, écrivait-il à un ami, j'y porterai la résosolution d'y faire le bien, et la détermination de quitter, dès l'instant même où je ne pourrais plus le faire. La raison principale qui me détermine à entrer dans l'administration universitaire, c'est qu'au total, la direction donnée par le ministre actuel est bonne, et que les universitaires espèrent en lui. »

Desclozeaux fut nommé recteur de l'académie de Caen au printemps de 1858, et il vint s'établir avec joie dans cette Normandie qu'il aimait. Il y fut parfaitement accueilli. Il était heureux de se trouver dans une ville lettrée, où la vie intellectuelle est en honneur, à la tête de Facultés florissantes, et en rapport avec des professeurs distingués, au nombre desquels était l'éminent juriste M. Demolombe, pour qui il avait la plus haute considération. Il n'aurait pas désiré changer de résidence s'il n'eût été séparé de sa femme ; mais, après un court essai de ce climat sévère, elle était retournée en Provence, et dès lors les vœux de son mari furent d'aller l'y rejoindre. Vers le milieu de l'année 1860, il put passer, avec le même titre, à l'académie d'Aix, devenue plus importante par l'adjonction du comté de Nice. En cette circonstance, les convenances du recteur n'avaient pas seules été consultées : l'administration avait besoin de lui pour mettre sur pied un lycée déplorable et qui manquait de tout. Il ne passa que peu de jours à Aix. Il écrivait : « A peine installé, il m'a fallu courir à Nice, et là j'ai eu tout le mal qu'un pauvre recteur peut avoir. » Rentré au chef-lieu académique, les affaires le débordent. « Tu ne peux te figurer, dit-il, combien je suis occupé : c'est à n'y pas croire. J'ai retrouvé ces beaux temps de la chancellerie, où je ne respirais pas. » Ce travail, qui l'intéressait beaucoup, alla jusqu'à la fatigue. Plus tard, il introduisit à Marseille l'enseignement supérieur des lettres, et transforma le collége de Toulon en lycée [1]. C'est dans ces commissions importantes que ses services étaient particulièrement précieux. Il rencontrait à Marseille des difficultés extraordinaires, qui lui faisaient regretter sa bonne ville de Caen. Les efforts qu'il fit pour en triompher aggravèrent chez lui les effets de l'âge.

Quoiqu'il se trouvât dans une carrière où il était nouveau, il tenait haut et ferme le drapeau de l'Université. Il savait combattre les tendances opposées, les influences hostiles, sans jamais sortir des bornes de la prudence. Ce tact d'un administrateur consommé, cette grande connaissance des affaires et des hommes, la dignité avec laquelle il représentait le corps auquel il appartenait, lui assuraient la confiance de l'autorité supérieure. M. Duruy, qui, en 1863, avait succédé à M. Rouland, fut à l'égard de Desclozeaux comme le ministre qui l'avait nommé. Le recteur, de son côté, ne cessait de se louer de l'estime qu'on avait toujours témoignée à un vieux serviteur.

Malheureusement ses forces n'étaient plus à la hauteur de son zèle. Il avait eu, il y a quelques années, un petit accident cérébral, qui, sans troubler la lucidité de son esprit, avait ralenti ses mouvements, et ne lui permettait plus une longue application; il avait récemment éprouvé la douleur de ne pouvoir porter la parole dans des occasions solennelles. Après une lutte énergique, il se sentit vaincu par le mal, et il demanda sa retraite. Elle venait de lui être accordée au mois de septembre dernier, avec des égards qui adoucirent pour lui la séparation.

Il semblait qu'il avait encore quelques années paisibles à passer dans sa charmante solitude de Costebelle. Mais le moment fatal approchait : de cruelles insomnies indiquaient l'aggravation de son état. Cependant, au commencement de novembre, il se trouvait mieux. Par une belle journée de l'automne de Provence, il était sorti en voiture, pendant plusieurs heures, avec une fa-

---

1. Voici comment *le Sémaphore de Marseille* apprécie son passage à la direction de l'académie d'Aix : « Sans essayer d'analyser tous les actes de l'administration de M. Desclozeaux parmi nous, nous ne saurions oublier que, sur son initiative, se sont ouverts le grand et le petit lycée de Nice, le lycée de Toulon, le petit lycée de Belle-de-Mai à Marseille, les colléges d'Arles, d'Antibes et de Menton. La ville de Marseille lui doit, en outre, l'installation des cours faits avec tant de succès à la Faculté des sciences par les professeurs des Facultés de droit et des lettres à Aix. La plupart de nos établissements universitaires ont pris, dans ces derniers temps, un développement nouveau, auquel il n'est pas resté étranger. »

mille amie qui était venue les visiter. Il avait retrouvé sa gaieté et son entrain ; son esprit conservait son ancienne vivacité. Au retour, il dîna de bon appétit. Rentré au salon, il écouta pendant quelque temps avec intérêt une lecture des *Mémoires* de Saint-Simon. Elle lui suggéra des remarques et des rapprochements avec des passages du même écrivain. Il se retira, comme d'ordinaire, avant les autres. Sa chambre était à côté du salon, au rez-de-chaussée. Bientôt on se sépara. Tout à coup, vers neuf heures et demie, on l'entendit pousser des cris déchirants. Il ne tarda pas à rentrer au salon, que sa femme ne quittait pas, et où elle attendait dans un fauteuil quelques instants de sommeil. Il se plaignait de douleurs atroces. On fit usage des remèdes indiqués par l'expérience. Mais le mal empirait ; il survint des étouffements, et, un quart d'heure après, tout était fini. Tous les secours que l'on s'était empressé de faire chercher arrivèrent trop tard. Longtemps sa pauvre femme lui soutint la tête, pensant le voir revenir d'un évanouissement. Quand il lui fallut croire à l'affreuse réalité, elle puisa dans ses sentiments profondément religieux l'énergie nécessaire pour supporter un coup si rude et si imprévu.

Ainsi Desclozeaux mourut dans sa propriété de Costebelle, près d'Hyères, le 8 novembre, à l'âge de soixante-quatre ans. Il avait alors le titre de recteur honoraire ; depuis longtemps il était commandeur de la Légion d'honneur. Ses obsèques furent célébrées dans la paroisse d'Hyères, au milieu d'un immense concours de population. Le deuil était conduit par son fils, substitut du procureur général à Aix, et par le fils d'Adolphe Nourrit, le grand artiste, qui avait été un des intimes amis du défunt. La présence de Robert Nourrit à cette triste cérémonie attestait la reconnaissance de cet excellent jeune homme, et rappelait aux amis les soins paternels dont Desclozeaux et sa femme avaient entouré des orphelins. Les coins du poêle étaient tenus par M. le maire d'Hyères, par M. Alphonse Denis, ancien collègue à la Chambre des députés et ami de Desclozeaux, M. Gaugeat, procureur impérial à Toulon, dont le recteur faisait un cas particulier, et M. de Salve, inspecteur d'académie à Marseille. Ces deux derniers ont parfaitement exprimé les sentiments de tous, et rappelé les titres qui avaient concilié à Desclozeaux l'estime et la sympathie des départements auxquels il était venu consacrer ses facultés et ses soins.

Une réunion rare de qualités de l'esprit et du cœur recommandait l'homme que Dieu vient de rappeler à lui. Il avait une intelligence élevée, une sûreté et une rapidité de jugement qui lui faisaient apercevoir tout de suite les vrais rapports des choses, les divers côtés des affaires. Une parole nette et précise exposait, sans parenthèses et sans circonlocutions, ce que son coup d'œil avait saisi. Ce mérite frappait singulièrement notre bien regretté Hachette, si juste appréciateur des hommes, qui eut avec Desclozeaux, son condisciple, des relations rares, mais agréables, et qui, aux jours de la mauvaise fortune, lui demanda de composer une *Histoire de Pologne* [1]. Cette générosité, dont l'obligé conserva une éternelle reconnaissance, Hachette la montra bien des fois alors, offrant des sujets d'ouvrages à des jeunes gens de bonne volonté, sans acception de personnes et d'opinions politiques. Combien de talents naissants qui, grâce à cet appui, jetèrent dans de premiers essais les fondements de leur réputation ! Quelques-uns l'ont noblement proclamé.

Il y avait chez Desclozeaux une noblesse de sentiments qui se produisait dans son goût et sa critique, comme dans son caractère. Tout ce qui était bas lui était odieux, soit dans la conduite des individus, soit dans les œuvres littéraires. Cette dignité de l'âme avait, pour ainsi dire, une expression extérieure. Il imposait naturellement, et possédait cet ascendant qui est un don précieux pour le maniement des hommes. Joignez à cela, comme contraste, un esprit plein de grâce et de gaieté, une conversation qui petillait de traits, une verve intarissable lorsqu'il se livrait en toute liberté à son aimable enjouement. On ne remarquait pas moins sa droiture et sa parfaite loyauté. Il parlait sans réserve et avec chaleur des grands talents en tous genres. Particulièrement dans la carrière qu'il suivait, il se plaisait à signaler les maîtres, et il était heureux quand sa position élevée lui offrait l'occasion de leur témoigner toute sa déférence. Ce n'était que justice ; mais cette justice n'est rendue que par ceux qui ne sont pas dominés par l'envie ou l'orgueil.

Toutes les qualités que j'ai louées dans l'homme public, dans le critique, dans l'écrivain, ne sauraient, pour les relations so-

---

1. Du moment que Desclozeaux habita la province, les livres lui firent défaut, et il lui fallut renoncer à poursuivre cette histoire, déjà avancée. Alors il s'occupa de questions de droit, et fournit des articles à la *Jurisprudence générale*.

ciales, tenir lieu de la bonté. Si Desclozeaux a eu, a conservé des amis chauds et dévoués, c'est que leur affection avait été gagnée par son cœur affectueux. Hors de ce centre privilégié, il laisse de chers souvenirs : dans la magistrature, combien de témoignages honorables lui sont assurés! Et que de bienfaits il a répandus partout autour de lui! Lorsqu'il avait le désir d'obliger, sa sagacité lui montrait les moyens de réussir, et, grâce à l'ardeur qu'il mettait en toute chose, le succès ne se faisait pas attendre. Quant à ses vieux camarades, qui ont joui pendant près de cinquante ans de sa douce intimité, leur douleur est amère et leur deuil sera éternel. Ils n'ont pas même eu la consolation d'accompagner à sa dernière demeure celui dont la vie a tenu tant de place dans leur vie, et de joindre leur voix aux voix sympathiques qui se sont fait entendre devant sa tombe!

A cette douleur s'ajoutent pour eux l'éloignement et la solitude de cette femme, d'une haute intelligence et d'un grand cœur, que la Providence lui avait donnée pour embellir la prospérité et pour le soutenir dans la mauvaise fortune. Confinée depuis longtemps par la maladie dans les plus chaudes régions de notre France, il ne leur est pas donné de lui prodiguer les témoignages de leur vive affection, et de lui créer une autre famille. Car elle ne peut pas même avoir auprès d'elle un fils chéri et tendre, qui, nourri des leçons de son père, et introduit par lui dans cette carrière de la magistrature, qui avait été son rêve, tient à la parcourir d'une manière digne de son nom. Au moins la distance d'Aix à Hyères peut être facilement franchie, et tous les moments que lui laisseront ses devoirs de magistrat et de père de famille, il sera heureux de les consacrer à satisfaire sa piété filiale.

Malgré un désordre interne, désordre inexpliqué, qui depuis quelques années restreignait l'exercice de ses facultés, l'état de Desclozeaux ne faisait pas attendre une fin aussi prompte. Il y a tout lieu de croire qu'il faut l'attribuer à une de ces affections de cœur qui foudroient en un instant. Dès sa jeunesse, il s'était plaint de palpitations. D'autres fois aussi, il accusait ses nerfs. Il éprouvait donc de temps en temps des souffrances réelles; mais, comme ces accès divers ne se trahissaient pas extérieurement par les signes de la maladie, on croyait que ses plaintes étaient exagérées. Quand il se trouvait bien, il était presque de cet avis. Il disait un jour, avec sa gaieté spirituelle : « C'est dommage que je n'aie pas cinquante mille livres de rente. : je me ferais malade imaginaire. »

Revenons sur cette vie, que nous n'avons fait qu'esquisser, pour en faire ressortir quelques traits.

Desclozeaux ne pouvait rester en dehors du mouvement de son siècle. Cette nature ardente et généreuse devait se mêler à la politique, qui était, il y a quarante ans, la grande préoccupation des jeunes esprits. *Le Globe* s'était donné la mission d'aider au développement de la liberté dans la politique, la philosophie, la littérature, les arts. On n'a pas oublié quelle part et quelle influence il eut dans les luttes qu'il fallut soutenir alors contre les défenseurs de l'ancien régime. Desclozeaux se préoccupait de l'utilité comme de la prospérité de ce recueil : il lui vint une idée dont la réalisation fit du bruit, et produisit d'importants résultats.

Charles X avait inauguré son règne en abolissant la censure des journaux, et cette mesure lui avait donné un instant de popularité. Mais, dès le commencement de 1827, la censure fut rétablie : les tribunaux ne s'occupèrent que d'affaires de presse. Desclozeaux proposa à la rédaction du *Globe* de faire de la propagande au moyen de l'association. Pour répandre parmi le peuple des enseignements que les journaux ne pouvaient donner ni avec étendue, ni avec sûreté, il était d'avis de fonder une société qui publierait de petits traités propres à former les citoyens à la vie politique, et qui provoquerait les adhésions et le concours de la province. Cette idée fut accueillie ; et, dans une réunion assez nombreuse, présidée par M. Guizot, on organisa une société à laquelle on donna le nom de Société *Aide-toi, le ciel t'aidera.* Elle se mit aussitôt à l'œuvre, et, par ses publications, par ses ramifications avec les départements, elle contribua puissamment aux élections libérales de la fin de 1827, qui renversèrent le ministère Villèle. Un député avait tonné à la Chambre contre cette association, et la *Gazette de France* avait dénoncé un *comité directeur, oppresseur des élections.* Un jour elle menaça de livrer à la publicité les noms de tous les membres de ce comité mystérieux, et *le Globe* répondait : « Nous offrons de l'aider à compléter sa liste. » La nomination du ministère Martignac donna satisfaction aux vœux de la grande majorité des membres de cette société, et ils se retirèrent. La minorité, qui voulait autre chose, poursuivit son œuvre jusqu'à la révolution de 1830.

Ce projet d'une première association politique, projet qui eut une si grande conséquence, doit assurer à son auteur un souvenir reconnaissant. Il montre qu'au désir du progrès Desclozeaux joignait les ressources de l'esprit.

Sa carrière de magistrat présente un bel exemple qui mérite d'être recueilli.

Au commencement de juin 1832, le convoi du général Lamarque fut le signal d'une émeute terrible, qui ensanglanta Paris pendant deux jours, et fut une grande épreuve pour la royauté de Juillet. Dans des conjonctures aussi graves, les dépositaires du pouvoir, les défenseurs du droit, peuvent différer d'avis, les uns voulant intimider les ennemis par une répression énergique, extraordinaire ; les autres attendant le salut du respect de la légalité. Le gouvernement alors inclina vers la rigueur : il proclama l'état de siége, et déféra les jugements aux conseils de guerre. Desclozeaux était substitut du procureur général. On avait compté sur son dévouement et sur sa fermeté, et on voulut le charger de soutenir l'accusation devant cette juridiction exceptionnelle. Comme il ne partageait pas le sentiment de ses amis, il osa décliner cette commission. L'explication qu'il donna de sa conduite à un ami intime, qui alors était loin de Paris, m'a paru digne d'être consignée parmi les titres honorables de sa vie. La lettre est datée du 14 juin.

« Je te dois le récit de mon refus et de ce qui s'en est suivi. Le procureur général a été fort contrarié, mais il m'a semblé que toutes ses objections se sont anéanties devant mes raisons. Il m'a dit avec loyauté qu'il ne considérerait pas ce qui s'était passé comme un refus de service. Malheureusement les journaux ont jasé, enchantés qu'ils étaient d'avoir cette nouvelle à exploiter. Dimanche dernier, jour de la revue, nos grands amis m'ont fait venir, et m'ont retourné de toutes les façons. J'ai tenu ferme.

« Il est résulté de mon obstination que la mesure a été changée, grandement au profit de mes collègues et de nos grands amis ; mais on ne m'en veut pas moins. Je craignais d'abord une destitution, mais je les crois trop justes et trop prudents pour aller jusque-là. Les jours s'écoulent ; je conserverai ma place. J'ai la conscience nette, et je reçois des témoignages d'estime qui me touchent et m'honorent.

« L'opinion se prononce ici avec une force extrême contre la mise en état de siége et contre les conseils de guerre. Paris, pendant les deux jours qui ont suivi la catastrophe, a été très-exaspéré contre les malheureux brouillons qui ont si fortement compromis l'avenir du pays. Les convois des gardes nationaux nourrissaient cette irritation. Mais nous sommes un peuple généreux et léger; nous oublions et pardonnons facilement. Aujourd'hui la sympathie sera pour les vaincus, quelque coupables qu'ils puissent être.

« Le gouvernement, qui a toujours marché avec légalité et avec douceur, me paraît embarrassé et d'un régime extra-légal et de la nécessité d'agir avec une grande vigueur. Il tâtonne et hésite. Il faut, selon moi, qu'il suive sa nature, qu'il ne démente pas ses principes, et qu'il reste légal et patient. Il faut se servir des qualités qu'on a, et ne pas affecter des défauts qui vous sont étrangers. »

Le 29 juin, la Cour de cassation déclara l'incompétence des conseils de guerre à l'égard des individus pris les armes à la main ; d'où suivit immédiatement la levée de l'état de siége. Ce mémorable arrêt montra que Desclozeaux avait eu le sentiment vrai de la situation ; en même temps qu'il attestait la rectitude de son esprit, il justifia aux yeux de tous l'indépendance de sa conduite.

En 1836, Desclozeaux fut chargé de porter la parole à la rentrée de la Cour royale. Son discours, dont le sujet heureux était traité avec distinction, fut accueilli avec beaucoup de faveur. Nous en reproduisons l'exorde :

« A des époques où règne dans l'État une tranquillité profonde, celui qui porte la parole à cette solennité de la rentrée peut chercher, dans un discours littéraire, à vous délasser par avance de vos travaux. Le magistrat se plaît alors à s'arrêter encore un moment dans ces méditations sérieuses, mais riantes, qui ont occupé les loisirs d'un repos momentané. Mais, dans des temps moins faciles, lorsque les partis, quoique vaincus, s'agitent encore; lorsque la société, bien qu'elle se rassure, demande un continuel appui à votre autorité, vous aimez à jeter les yeux sur la carrière qui s'ouvre devant vous, à vous mettre en présence des devoirs que vous saurez accomplir. Aussi avons-nous cru nous conformer à ce vœu en retraçant aujourd'hui les devoirs et les droits de ceux d'entre vous, Messieurs, qui sont peut-être le plus en butte à des attaques injustes, et dont les travaux pénibles s'accomplissent loin de l'éclat des audiences. La publicité ne défend pas les actes des juges d'instruction contre les partis qui les calomnient. On les attaque et on les ignore. Leurs efforts sont méconnus. Dissiper l'obscurité qui couvre leurs travaux, montrer ce que les fonctions de juge instructeur ont de difficile et d'élevé, tel sera le sujet de ce discours. »

Bien des gens trouvent de l'attrait aux affaires administratives ; cet attrait devient puissant et presque général lorsqu'il s'agit de fonctions élevées qui donnent de l'influence dans la distribution des places. Desclozeaux avait peu de penchant pour la vie de bureau, et même il ne fut pas étourdi par les grandeurs. Il acceptait l'administration comme un acheminement vers la magistrature. Ces sentiments se manifestent souvent dans sa cor·respondance. Étant substitut, il écrivait d'Orléans :

« Je repose ici très-bien la fougue de mes nerfs ; je tâche de les endormir ; mais je ne serai totalement débarrassé que quand je ne serai plus commissaire de police au grand pied. » Quand on lui proposa la place de directeur des affaires criminelles et des grâces, avec le titre de maître des requêtes, il hésita. « Je n'ai pas accepté sur-le-champ : il ne faut pas se dissimuler que j'abandonne ma carrière, que je change d'avenir, que je vais avoir un autre horizon. » Et quand, arrivé à un póste éminent, il semblait n'avoir plus de vœux à former, il tournait encore ses regards ailleurs. « On me maintient toujours secrétaire général. Quand secouerai-je cette vie si agitée, si dépensée en riens ? Ah ! que j'aspire à retourner dans ma magistrature, à y reprendre des habitudes réglées, à avoir du temps à donner à l'étude, à mes amis ! »

J'ai parlé de la consolation qu'après l'orage il trouva dans les lettres. Il se sentait alors un goût particulier pour les littératures anciennes, avec lesquelles l'éducation domestique ne l'avait pas suffisamment familiarisé. Dans ses lettres, il revient souvent sur ce sujet. « Et moi aussi, je goûte les douceurs de l'étude. Après une vie si mal dépensée, je me suis remis avec bonheur au rudiment. Rien ne me charme comme la lecture des classiques. C'est ce que j'appelle faire des découvertes dans des pays déjà connus. Combien je retrouve d'images, de pensées, que j'avais vues ailleurs, et que je puise maintenant à leurs sources naturelles ! Ce sont des diamants que j'avais admirés hors de la parure, et qui me paraissent merveilleux quand je les vois bien enchâssés. » Il dit ailleurs : « Je deviens un humaniste forcené. »

Desclozeaux fut un des champions qui, dans *le Globe*, journal dévoué à la liberté et au progrès, fit la guerre aux exagérations de l'école classique. Quant aux exagérations opposées, il s'en préserva toujours. On ne verra pas sans intérêt un échantillon de sa judicieuse et spirituelle critique. Voici le début de ses études sur Shakspeare :

« On discute beaucoup sur Shakspeare, mais on le connaît très-mal. Si l'on prononce son nom au milieu d'un groupe de classiques et de romantiques, le toast à Guillaume III cause à peine en Irlande une dispute aussi vive. On se met tout de suite en colère, pour n'avoir pas même l'embarras de parler raison, et l'on ne se sert les uns envers les autres que du langage des partis, n'épargnant ni les épithètes outrageantes, ni les railleries amères. Heureusement, comme dit Prior, que cela ne fait couler que de l'encre de chrétien. Mais il en résulte un malheur, c'est que Shakspeare reste toujours ignoré ; car le peu de gens qui le connaissent, tout indignés de voir méconnu ce qui les a remplis d'admiration, tout fiers d'être entrés dans les mystères de ce génie sublime, jouent en quelque sorte le rôle d'initiés, et le ton de la défense est peut-être encore plus dédaigneux que celui de l'attaque. De là est née une certaine critique enthousiaste, une certaine poétique mystique, qui a épouvanté le vulgaire. Connaître Shakspeare et le sentir a été un titre à la supériorité d'esprit, comme si les jeux de la scène pouvaient charmer seulement les âmes élevées ; comme si la peinture animée de la vie ne devait pas plaire à tous ceux qui vivent, et comme si la popularité d'un poëte dramatique ne faisait point sa principale gloire.

« De l'autre côté, avouons qu'il existe dans leurs adversaires une si profonde pitié pour Shakspeare et ses partisans, une horreur si naïve pour le mélange du tragique et du comique, un étonnement si complet de la violation des unités, une si imperturbable confiance dans toute opinion assez heureuse pour s'appuyer sur un hémistiche de Boileau, qu'on est bien tenté de ne pas leur expliquer ce qu'ils ne veulent pas comprendre, et de leur *jeter*, pour toute réponse, *son enthousiasme par la figure.*

« Toutefois on a tort de s'en étonner ; c'est chose toute simple. Une révolution déplaît toujours aux habitudes faites et aux supériorités établies. Il n'en coûte pas peu d'être contraint à réexaminer ses vieilles admirations. Elle est tenace, cette critique qui suit les ornières de M. de la Harpe, munie de sa pacotille d'observations que ses adeptes répètent de temps en temps, pour bien s'assurer qu'ils n'ont pas perdu leur capacité littéraire. On craint d'être obligé d'acquérir de nouvelles connaissances, et de voir se changer ses principes en préjugés. Il est dur, en effet, d'être contraint à renouveler son sac d'anecdotes, à ne pouvoir peut-être plus sourire à la *pâmoison* de Chimène et au *tout beau* du vieil Horace.

« Mais les faiseurs actuels de la vieille littérature sont encore bien moins traitables; car c'est eux, eux-mêmes, et non pas seulement leurs croyances, qu'on attaque. Quoi donc! on veut leur arracher ces ciseaux, que je comparerais volontiers à ceux des Parques, avec lesquels ils mutilent des beautés étrangères, et se présentent ensuite comme les restaurateurs du bon goût! Ils ne pourraient plus faire vivre leurs drames à la faveur d'une scène de Shakspeare, et l'outrager ensuite tout à leur aise! Vous espérez briser impunément ce moule antique et sévère qui, dans leurs mains, n'est plus que le lit de Procuste? Vous espérez pouvoir, sans qu'on vous injurie, soulager notre Talma, qui, avec une grande fatigue, apporte de la vérité dans ces drames qui ne sont que mensonge; Talma, dont les poses, la tête, la stature, sont tout ce qu'il y a d'antique et de romain dans ces pièces antiques et romaines? Vous ne concevez pas l'irritation de ces supériorités qui sentent qu'on ébranle leurs bases? Mais alors pourquoi, me direz-vous, parler à ceux qui ont des oreilles pour ne pas entendre? — Pourquoi leur parler? Pour qu'on écoute la conversation. L'histoire des révolutions littéraires est celle des révolutions politiques : c'est d'abord un dialogue entre l'autorité et la raison, où cette dernière ne cherche pas tant à convaincre qu'à faire intervenir un autre interlocuteur, le vulgaire, le peuple.

« Il faut rendre Shakspeare accessible à tout le monde, en un mot, le populariser ; le faire lire dans des traductions vivantes et animées, et surtout donner envie à nos jeunes littérateurs de le lire dans l'original... »

M. Vitet a rendu, dans la *Revue des Deux-Mondes*, un beau témoignage à l'homme qui emporte tant de regrets. Je transcris avec bonheur une partie de cette appréciation si juste et si honorable, faite avec l'émotion de l'amitié, et dans un langage que le public tient en haute estime :

« La mort a frappé récemment, à l'improviste et avant l'âge,

un des hommes les plus aimés et les plus franchement aimables
qui aient jamais occupé de hautes fonctions publiques, M. Desclozeaux, naguère recteur de l'académie d'Aix, il y a vingt ans
secrétaire général du ministère de la justice... Sans doute il possédait, et même à un degré rare, les qualités, les aptitudes, di-
sons mieux, les vertus des fonctions qu'il avait remplies. Équi-
table et bon par nature, ferme au besoin et toujours impartial,
habile à deviner le mérite, jaloux de le récompenser, il avait su
gagner, à la chancellerie, l'estime et l'affection de la magistrature, comme plus tard conduire avec sagesse les affaires d'un rec-
torat; mais ce n'était vraiment là qu'une partie de lui-même, et
la moindre partie. Il avait des goûts d'un autre ordre. Cette âme
droite et tendre, ce cœur ouvert aux affections de la famille et
aux douceurs de l'amitié, semblait né pour sentir et pour aimer
le beau. Il était par essence ce qu'on appelle un lettré, et des
plus délicats. Cette passion des choses de l'esprit, il l'avait de
bonne heure combattue, par raison, par devoir, par sacrifice à
sa carrière, mais sans en être jamais guéri. N'y voyons pas un
simple goût, une fantaisie d'amateur : c'était un culte sérieux,
nourri de solides études, de nombreuses lectures, de réflexions
fécondes... »

Je publiais la notice précédente, moins quelques pièces justi-
ficatives, dans la *Revue de l'Instruction publique*, peu de jours
avant que parût le numéro de la *Revue des Deux-Mondes*. Deux
anciens amis, deux condisciples d'un homme excellent et distingué, écrivaient donc en même temps, sous l'inspiration de
leurs souvenirs. Il se trouve qu'ils ont précisément signalé les
mêmes qualités du cœur et de l'esprit dans celui qu'ils ont bien
connu. La conformité du portrait qu'ils ont tracé en prouve la
ressemblance.

L. QUICHERAT

Paris. — Typographie de Ad. Lainé et J. Havard, rue des Saints-Pères, 19.

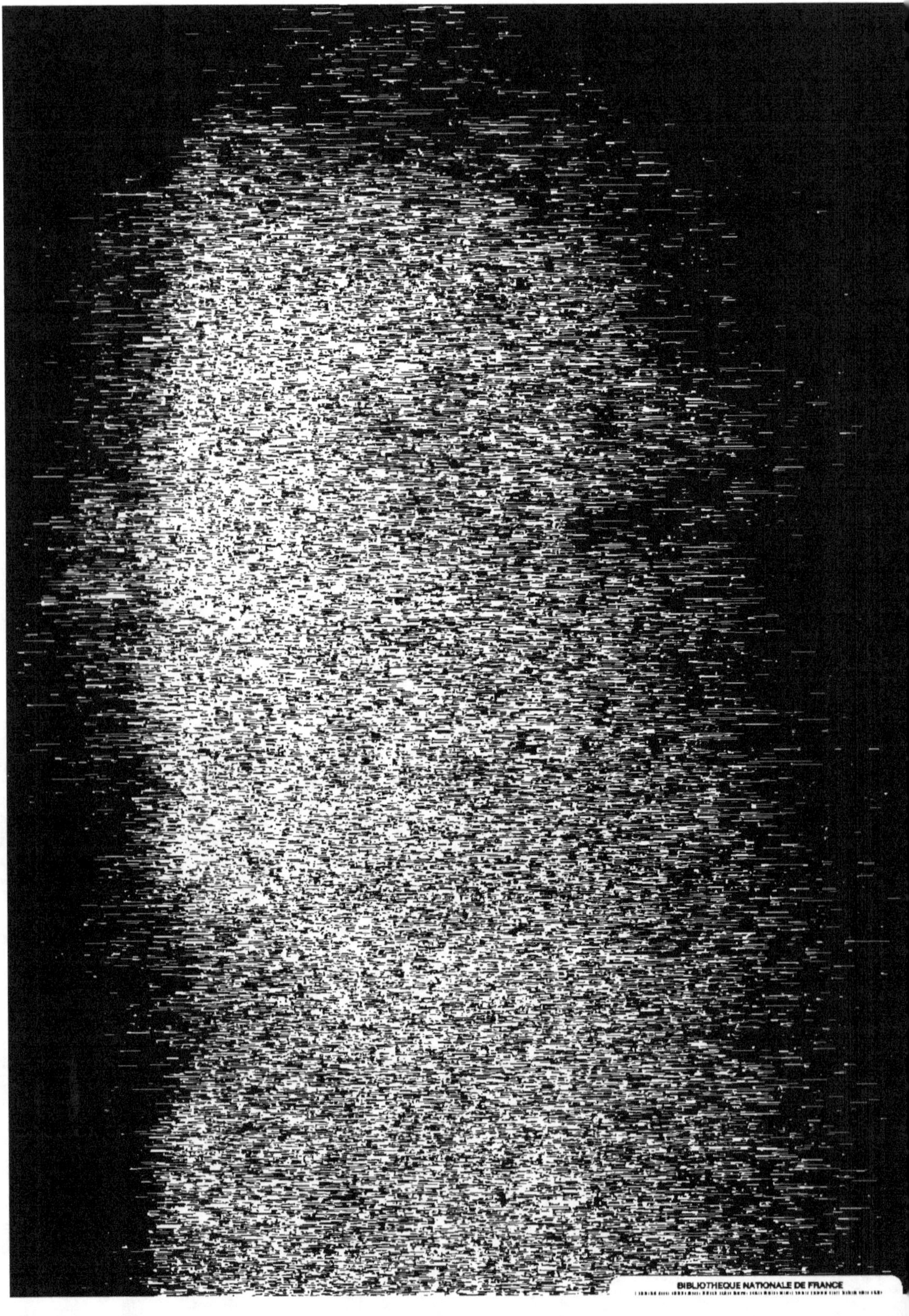

www.ingramcontent.com/pod-product-compliance
Lightning Source LLC
Chambersburg PA
CBHW051205050726
47594CB00007B/3071